Reiki Celta

Geraldo Voltz Laps

Reiki Celta

Uma introdução ao druidismo e
à ecoespiritualidade

1ª edição / Porto Alegre-RS / 2024

Capa e projeto gráfico: Marco Cena
Revisão: Gaia Revisão Textual
Produção editorial: Bruna Dali e Maitê Cena
Assessoramento gráfico: André Luis Alt

Dados Internacionais de Catalogação na Publicação (CIP)

L317r   Laps, Geraldo Voltz
            Reiki Celta : uma introdução ao druidismo e à ecoespiritualidade. / Geraldo Voltz Laps. - Porto Alegre: BesouroBox, 2024.
            96 p. ; 14 x 21 cm

            ISBN: 978-85-5527-146-5

            Espiritualidade. 2. Reiki – sistema de cura.   I. Título.

                                                                           CDU 130.3

Bibliotecária responsável Kátia Rosi Possobon CRB10/1782

Direitos de Publicação: © 2024 Edições BesouroBox Ltda.
Copyright © Geraldo Voltz Laps, 2024.

Todos os direitos desta edição reservados a
Edições BesouroBox Ltda.
Rua Brito Peixoto, 224 - CEP: 91030-400
Passo D'Areia - Porto Alegre - RS
Fone: (51) 3337.5620
www.legiaopublicacoes.com.br

Impresso no Brasil
Agosto de 2024.

Sumário

Prefácio 7

Os celtas 9
   Os druidas 19

Reiki 21

Introdução ao reiki celta 25
   Reiki celta 28
   História do reiki celta 29
   Características do reiki celta 34
   Ogam e o sistema antigo de escrita celta 37

O sistema humano de energia 39
   Meridianos 40
   Chacras 42
   O campo áurico 46

Reiki celta nível I 49
   Símbolos 49
   Usando os símbolos do primeiro nível 54
   Técnicas para o nível I 55

Reiki celta nível II 63
   Reiki celta e manifestação 63
   Símbolos 64
   Técnicas para o nível II 68

Reiki celta nível III 71
   Símbolos 72
   Técnicas para o nível III 78

Cristais e reiki 83
   A importância do uso de cristais no reiki celta 84
   O cristal-mestre 90
   Técnicas de uso do reiki e cristais 91

Conclusão 92

Sugestões de leitura 95

Agradecimentos 96

Prefácio

A jornada da vida é marcada por desafios que nos testam e moldam, trazendo à tona nossa verdadeira essência e nosso potencial. O presente livro é uma prova viva de como a superação pessoal pode se transformar em uma fonte de inspiração e aprendizado para muitas pessoas. Geraldo Voltz Laps, o autor desta obra, enfrentou uma batalha íntima e intensa contra problemas de saúde que poderiam ter silenciado sua voz e apagado seus sonhos. No entanto, ele escolheu transformar essa adversidade em uma oportunidade para crescer e compartilhar sua sabedoria. Na dor e na dificuldade, Geraldo encontrou força e resiliência, mergulhando profundamente em sua conexão com o druidismo e a ecoespiritualidade.

Cada página deste livro é um testemunho do poder transformador do reiki celta, uma prática que une a energia universal com as tradições ancestrais dos druidas. É um convite para redescobrirmos nosso vínculo sagrado com a natureza e com o Universo, promovendo uma cura que transcende o físico e toca o espiritual.

Nessa empreitada, Geraldo não esteve sozinho. Nádia Laps, sua companheira e coautora, desempenhou um papel crucial como revisora e interlocutora. Ela se empenhou em desenvolver os textos, capturando com precisão e sensibilidade as explanações orais de Geraldo. Seu trabalho meticuloso e dedicado garantiu que a essência das mensagens fosse preservada, permitindo que o conhecimento fluísse de forma clara e acessível a todos.

A escrita deste livro foi um ato de superação e uma lição de vida. Para Geraldo, foi um processo de cura e autodescoberta, uma maneira de canalizar sua dor em algo belo e significativo. Para Nádia, foi uma oportunidade de apoiar e amplificar a voz de alguém que amava, transformando palavras em um legado duradouro.

Reiki celta: uma introdução ao druidismo e à ecoespiritualidade é mais do que um guia ou um manual. É uma história de coragem, amor e determinação. É um lembrete de que, mesmo nas horas mais sombrias, podemos encontrar luz e esperança dentro de nós mesmos e nos outros.

Assim, convido você, querido(a) leitor(a), a embarcar nesta jornada com Geraldo e Nádia. Que as palavras deste livro iluminem seu caminho e inspirem sua própria busca por cura e sabedoria. Que possamos todos aprender a ver a beleza e a força que residem nas adversidades e a encontrar em cada desafio uma oportunidade para crescer e florescer, sempre com profunda admiração e respeito.

Os celtas

Iniciaremos esta obra com um breve relato do que se conhece sobre os celtas, um povo que utilizava todos os recursos da natureza, principalmente suas energias, em processos de cura dos males corporais. A sociedade celta antiga era composta por tribos e clãs dispersos em diferentes regiões da Europa Ocidental. As origens dos celtas remontam à Idade do Ferro, por volta do século VIII a.C.

A estrutura social celta era baseada em clãs, que eram grupos familiares extensos liderados por um chefe tribal. Esses clãs formavam tribos maiores, e várias tribos poderiam se unir sob a liderança de um rei. Sua subsistência era agrícola, com a terra sendo a principal fonte de riqueza; também se engajavam em comércio, artesanato e atividades guerreiras.

Essa sociedade tinha como personagens principais:

- **reis** – líderes políticos e militares das tribos ou clãs;
- **druidas** – cuidavam das questões religiosas, jurídicas e intelectuais. Os druidas, portanto, eram bastante respeitados e exerciam influência significativa na sociedade celta;
- **guerreiros** – protetores das tribos e responsáveis pela expansão territorial, razão pela qual eram valorizados e respeitados na sociedade celta;
- **bardos** – poetas e contadores de histórias. Mantinham vivas a tradição oral e a mitologia celta;
- **artesãos** – pessoas especializadas em diferentes ofícios, como ourivesaria, tecelagem, ferraria e cerâmica, ou seja, responsáveis pela produção de bens e pela economia da sociedade celta;
- **agricultores e pastores** – fornecedores de alimentos e recursos básicos para a comunidade. Eram responsáveis pelo cultivo da terra, pela criação de animais e produção de alimentos.

Embora a sociedade celta antiga tenha deixado poucos registros escritos, sua cultura e influência perduram até os dias atuais, especialmente nas regiões onde os celtas habitavam. Sua arte, mitologia e seu legado cultural continuam a ser estudados e celebrados.

Em termos de abrangência, os celtas ocupavam uma vasta área geográfica, que se estendia por diferentes regiões da Europa Ocidental. Suas terras incluíam o que hoje conhecemos como Grã-Bretanha (especialmente a Escócia e o País de Gales), a Irlanda, partes da França (conhecida como Gália), a Espanha (região da Galiza) e partes da Europa Central.

É importante ressaltar que a sociedade celta não era homogênea, mas, sim, composta por tribos e clãs independentes. Cada tribo tinha suas próprias tradições, lideranças e características distintas, embora compartilhassem uma cultura e linguagem comuns. A influência dos celtas se estendeu além de suas terras, por meio de migrações, comércio e interações com outras civilizações. Eles tiveram contato com os romanos, gregos e outros povos da época, e sua cultura e legado tiveram impacto na formação das sociedades subsequentes na Europa.

Esses grupos eram caracterizados por sua estrutura tribal descentralizada, com uma ênfase na comunidade e na lealdade ao clã. As decisões importantes eram tomadas em assembleias tribais, onde os líderes e membros influentes se reuniam para discutir assuntos políticos, resolver disputas e estabelecer leis. Essa estrutura política proporcionava um certo grau de autonomia e independência para cada uma das tribos celtas.

Os celtas tinham uma forte conexão com a natureza e uma espiritualidade animista. Acreditavam que os elementos naturais, como rios, montanhas e árvores, eram sagrados e possuíam uma força vital. Os druidas desempenhavam um papel central nessa espiritualidade, sendo responsáveis por conduzir rituais, interpretar os sinais da natureza e transmitir conhecimentos religiosos e filosóficos.

A mitologia celta também era uma parte fundamental da sociedade. Os celtas acreditavam em uma ampla variedade de deuses e deusas, que personificavam os aspectos da natureza, bem como heróis lendários, que desempenhavam papéis importantes em suas histórias e relatos. Sua tradição era transmitida oralmente pelos bardos, passando de geração para geração.

No contexto da guerra, eram conhecidos por sua coragem e habilidades militares. Empregavam táticas de guerrilha e eram temidos por sua ferocidade no campo de batalha. A posição de um guerreiro era muito valorizada, e sua bravura e heroísmo em combate eram honrados. Vercingetórix, Boudica e Breno são guerreiros que se destacaram por seus legados em lutas pela independência e identidade culturais.

Apesar de seu poder e influência, a sociedade celta antiga, eventualmente, entrou em conflito com os romanos, que começaram a expandir seu império na Europa. Após várias campanhas militares, suas terras foram gradualmente conquistadas pelos romanos, resultando na assimilação de sua cultura. No entanto, elementos da cultura celta, como a linguagem e a mitologia, continuaram a ter um impacto duradouro na história e na identidade das regiões onde viveram, influenciando, assim, as sociedades subsequentes que surgiram na Europa Ocidental.

Com a chegada dos missionários cristãos às terras celtas, ocorreu a cristianização gradual, sendo suas tradições e crenças mescladas às do cristianismo. Surgiu então uma forma única de espiritualidade. Ao longo dos séculos, a identidade celta ressurgiu em movimentos de renascimento cultural. A preservação e o estudo de sua mitologia, língua e suas tradições se tornaram uma parte importante da identidade cultural de certas regiões, como a Irlanda, a Escócia e a Bretanha. No contexto moderno, a cultura celta continua sendo celebrada e valorizada. Festivais como o St. Patrick's Day, na Irlanda, e o Festival Intercéltico de Lorient, na Bretanha (França), Escócia, País de Gales, Estados Unidos, Canadá, Austrália e Argentina, promovem a música, dança, literatura e outros aspectos da cultura celta.

É importante ressaltar que nossa compreensão da sociedade celta antiga é baseada, principalmente, em evidências arqueológicas, registros romanos e mitologia transmitida oralmente. A falta de registros escritos limita a compreensão completa dessa civilização, deixando muitas lacunas abertas sobre sua sociedade, estrutura e seus personagens principais. As pesquisas arqueológicas continuam fornecendo novas informações sobre a sociedade celta antiga. Descobertas de assentamentos, túmulos e artefatos ajudaram a expandir o conhecimento sobre sua organização social, economia e seu estilo de vida. Além disso, a linguística desempenha um papel importante na compreensão dessa cultura, visto que a língua celta é estudada e reconstruída com base em inscrições e textos antigos, proporcionando *insights* sobre sua estrutura linguística e seu vocabulário.

A influência dessa cultura se estendeu para além da Europa Ocidental. Com a divisão de clãs e migrações, espalhou-se para outras regiões, como a América do Norte, onde há comunidades celtas descendentes que mantêm tradições e celebrações.

Hoje, essa sociedade antiga continua a fascinar e inspirar pessoas ao redor do mundo. Sua rica mitologia, conexão com a natureza e sua capacidade de resistir e se adaptar são apreciadas como parte do patrimônio cultural europeu e continuam a ser exploradas e celebradas em várias formas de arte, literatura e expressões culturais. Deixou um legado duradouro e inspirador.

Sua visão de mundo, baseada na conexão com a natureza, o respeito pelos ciclos da vida e a importância da comunidade, continua a ressoar.

Sua influência na arte é especialmente notável, pois esse povo ficou conhecido por sua habilidade em trabalhar com metais, como ouro, prata e bronze, criando intricados objetos ornamentais e joias. Suas obras de arte apresentavam padrões geométricos, animais e símbolos espirituais, refletindo sua rica mitologia e suas crenças. Esses elementos estéticos encontraram um ressurgimento na arte contemporânea e são apreciados por sua beleza e significado simbólico.

A música e a dança são elementos de muito valor nessa cultura. Instrumentos tradicionais, como a gaita de fole, harpa e bodhrán, são tocados em performances musicais que variam de música folclórica a fusões modernas. A dança irlandesa, em particular, é conhecida por sua energia, precisão e ritmo contagiante, sendo uma expressão artística popular e uma forma de manter viva as tradições.

Além disso, sua literatura, incluindo os mitos e as lendas transmitidos oralmente ao longo dos séculos, continua influenciando a narrativa contemporânea. Autores como J.R.R. Tolkien e C.S. Lewis foram inspirados pelas histórias celtas em suas obras de ficção, e as histórias heroicas e mágicas dos celtas têm um lugar cativo na literatura fantástica. A cultura celta antiga influenciou o folclore e as tradições populares em muitas regiões. Contos e lendas celtas, como a história do Rei Arthur e os contos dos Tuatha Dé Danann na mitologia irlandesa, são elementos importantes do folclore e da imaginação coletiva.

A sociedade celta antiga, com sua rica herança cultural e espiritualidade única, desperta interesse e admiração. Sua influência ressoa através do tempo, conectando o passado ao presente e enriquecendo a compreensão da diversidade cultural e da história da humanidade.

A revitalização da língua celta também tem sido uma área de foco. Esforços estão sendo feitos para preservar e promover as linguagens celtas modernas, como o gaélico irlandês, o gaélico escocês e o galês. Essas línguas antigas são ainda ensinadas e utilizadas, fortalecendo, assim, a identidade cultural e a herança linguística dessa civilização.

Essa sociedade antiga tem sido objeto de estudos acadêmicos contínuos, com pesquisadores explorando as complexidades da sociedade e suas estruturas políticas, seus sistemas de crenças, o papel das mulheres e muito mais. Esses estudos contribuem para uma compreensão mais aprofundada sobre ela e ajudam a dissipar mitos e equívocos comuns. É ainda uma fonte de inspiração e admiração para muitas pessoas ao redor do mundo. Sua rica história, cultura e seu legado artístico e espiritual deixaram uma marca indelével na Europa e além. O interesse e a apreciação por essa cultura continuam crescendo, impulsionados pelo desejo de o homem moderno se conectar com suas raízes históricas e culturais.

A espiritualidade continua sendo explorada e praticada por muitas pessoas interessadas em reconectar-se com a natureza e as antigas tradições espirituais. Práticas como a adoração aos antigos deuses celtas, a conexão com os espíritos da terra e a celebração dos ciclos sazonais ainda são encontradas em várias formas de espiritualidade moderna, como o neopaganismo.

A sociedade celta antiga, com sua ênfase na comunidade, conexão com a natureza e expressões artísticas, inspira um senso de identidade cultural e um respeito pela herança ancestral. Ela nos lembra da importância de valorizar e preservar as tradições culturais únicas que moldaram nossas sociedades. Embora tenha desaparecido como uma entidade política distinta, seu legado perdura em várias formas até os dias atuais. Por intermédio da arte, música, literatura, espiritualidade e pesquisa acadêmica, continua a nos cativar, encantar e inspirar com sua rica herança cultural.

Os estudos sobre essa sociedade antiga evoluem à medida que novas descobertas arqueológicas e pesquisas são realizadas. Com o avanço da tecnologia, técnicas mais sofisticadas estão sendo aplicadas para desvendar segredos do passado celta. Isso inclui análises de DNA antigo, estudos isotópicos e análise de material genético vegetal e animal encontrados em sítios arqueológicos celtas. Essas abordagens multidisciplinares proporcionam *insights* cada vez mais detalhados sobre a vida cotidiana, as migrações, a dieta, a saúde e outros aspectos.

Além disso, há um crescente interesse em preservar seu patrimônio cultural, buscando proteger sítios arqueológicos e promover a educação e a conscientização sobre essa rica história. Museus e centros de pesquisa estão sendo estabelecidos, proporcionando um espaço para a preservação e divulgação do conhecimento sobre essa antiga civilização, que continua exercendo um fascínio duradouro sobre pessoas de diferentes origens e interesses. Assim, essa cultura antiga continua a ser explorada, reinterpretada e celebrada. A influência dos celtas na história e na cultura europeia permanece viva e inspira e enriquece nossa compreensão do passado e do mundo em que vivemos.

O legado cultural que nos foi deixado transcende fronteiras e tem um impacto global. A complexidade e riqueza dessas histórias têm um apelo duradouro e cativante, capturando a imaginação de pessoas de todas as idades. Sua música é apreciada em todo o mundo. Bandas e artistas celtas modernos, como Clannad, Enya e Celtic Woman, combinam elementos da tradição musical com arranjos contemporâneos, criando um som distintivo e envolvente. Festivais de música celta, como o Festival Intercéltico de Lorient, na França, reúnem músicos e entusiastas da cultura celta de diferentes países para celebrar e compartilhar sua música.

Sua arte também tem sido uma fonte de inspiração para artistas contemporâneos. Padrões intricados, nós celtas e símbolos antigos são incorporados em joias, esculturas, pinturas e tatuagens, conectando as pessoas com a estética e a espiritualidade celta. Além disso, a consciência ambiental e a valorização da natureza ressoam com os desafios ambientais enfrentados atualmente. A ênfase na harmonia com o mundo natural e a preocupação com a sustentabilidade são ideias que encontram eco na busca por um futuro mais sustentável e equilibrado.

Em resumo, a sociedade celta antiga deixou um legado cultural diversificado e inspirador, que continua a ser celebrado, reinterpretado e explorado em diferentes formas de expressão artística, espiritualidade contemporânea e estudos acadêmicos. Sua influência transcende o tempo e as fronteiras geográficas, conectando pessoas de diferentes origens e culturas por meio de sua rica herança.

Druidas

Os druidas eram os guardiões do conhecimento, atuavam como sábios, juízes, conselheiros e mediadores espirituais. No entanto, quando se trata de identificar druidas específicos que deixaram seus nomes para a história, a tarefa se torna desafiadora devido à natureza predominantemente oral dessa tradição e à falta de registros escritos contemporâneos. No geral, a identidade individual dos druidas e seus nomes específicos podem ter se perdido ao longo dos séculos, mas sua influência e seu legado coletivo continuam a ser celebrados e explorados até os dias de hoje, por meio de estudos acadêmicos, pesquisas arqueológicas e reconstruções contemporâneas da espiritualidade celta.

Embora haja menção de Diviciaco e Galácio em fontes históricas greco-romanas, as informações detalhadas sobre esses druidas específicos são limitadas. Assim, vamos explorar um pouco mais sobre eles com base nas referências disponíveis como líderes espirituais de destaque nos campos espiritual, político e cultural.

Diviciaco foi um líder gaulês da tribo heliosemia durante o período da Guerra das Gálias. Ele é mencionado por Júlio César em seus relatos sobre a guerra, particularmente em seu livro *De Bello Gallico*. Diviciaco era conhecido por sua influência política e religiosa e tinha o título de magistrado supremo entre seu povo, pois sempre procurava estabelecer uma relação amigável e obter o apoio militar romano contra tribos rivais.

Era descrito como um estudioso da religião celta, responsável por conduzir rituais e interpretar presságios. Diviciaco era considerado uma figura de grande prestígio e autoridade entre seu povo.

Quanto a Galácio, sua menção é encontrada no livro *Agrícola*, escrito por Tácito, historiador romano do século I. Nessa obra, Tácito relata a invasão romana da Britânia e menciona Galácio como um líder tribal e sacerdote druida que liderou uma revolta contra o domínio romano. Segundo Tácito, Galácio uniu diversas tribos britânicas e liderou um levante contra as forças romanas, buscando restaurar a independência do povo britânico. Ele é descrito como um homem sábio e carismático, capaz de mobilizar e inspirar seus seguidores. Embora tenha mostrado resistência considerável, a revolta liderada por Galácio foi finalmente suprimida pelas legiões romanas.

Reiki

Reiki é uma energia universal vital, uma frequência de energia de cura e ascensão reconhecida por sua habilidade de curar os aspectos físico, mental, emocional e espiritual, com toda sua teia da vida de forma holística. A palavra "reiki" é formada por dois *kanjis* japoneses: *rei*, que significa força cósmica ou inteligência espiritual, e *ki*, cujo significado é a energia vital que habita todas as coisas.

Na China, a mesma energia é conhecida como *chi*, e os acupunturistas utilizam agulhas para trabalharem seu fluxo por meio de uma série de meridianos ou canais de energia que correm ao longo do corpo. Da mesma forma, o shiatsu se desenvolve, que é uma técnica de massagem japonesa que utiliza a pressão dos dedos em pontos de acupuntura para atingir efeitos similares. Na Índia, a mesma energia é referida como prana, e exercícios de respiração e técnicas de ioga têm sido criadas com a intenção de levar a energia ao corpo para o equilíbrio. Esse sistema trabalha com chacras, ou centros de energia, que percorrem o longo do corpo desde a coroa da cabeça até a base da espinha. De acordo com o sistema, existem sete chacras principais e muitos outros secundários que cobrem toda a superfície do corpo humano.

Segundo essas práticas, ao equilibrar seu sistema de energia, você coloca seu corpo na melhor posição possível para possibilitar a autocura em todos os níveis: físico, mental, emocional e espiritual. De qualquer forma, existe uma importante diferença entre o *ki* e o reiki.

O *ki* se refere especificamente à energia que preenche e permeia tudo, e o reiki é uma frequência de energia específica de cura e autocura que trabalha em paridade com o *ki*, mas em frequência mais alta. O reiki vem diretamente da fonte (Deus, Deusa, Universo, Divino, Espírito ou qualquer outro nome que lhe seja mais apropriado) e é direcionado pela inteligência maior para a cura animada e inanimada.

O praticante ganha acesso a frequências específicas de energias usando o reiki e recebendo uma série de iniciações do mestre de reiki. Durante uma iniciação, diferentes centros de energia (chacras) e canais de energias são abertos e ampliados, o que habilita o praticante de reiki a canalizar a energia por intermédio de seus corpos. Embora todas as formas de vida possuam o *ki*, o propósito específico da iniciação em reiki é conectar o receptor de uma forma maior à fonte ilimitada. Assim como ocorre quando temos contato direto com a fonte do *ki*, a iniciação aumenta a energia da força da vida da pessoa que a recebe. Esse é um presente para a vida toda, o qual ela nunca perderá (mesmo se não usado por muitos anos), e sempre trará mudanças positivas para sua vida.

Recentemente, o reiki se tornou extremamente popular no Ocidente, e numerosos estilos "não tradicionais" têm sido criados, muitos dos quais têm sido canalizados por Arcanjos, Mestres Ascensos e outros seres espirituais. Embora sejam baseados no reiki Usui original (com a adição de símbolos por mestres, novas ou modificadas maneiras de iniciações, níveis adicionais, novos métodos de trabalhar com o reiki, ou incluindo técnicas de outras modalidades), há também outros como o reiki celta (*celtic reiki*), em que a energia é de um tipo particular, não encontrada no sistema Usui. Esses estilos de reiki têm objetivos e tratamentos específicos, sendo seu uso muito simples.

O reiki não é uma prática religiosa. Além disso, não é invasivo e não tem contraindicações ou efeitos adversos, ou seja, pode ser aplicado em adultos, idosos, crianças, bebês, animais e plantas. O reikiano, primeiro, canaliza a energia universal para, depois, a transmitir para o receptor pela imposição das mãos sobre o corpo do receptor ou a distância (não é necessária a presença física).

A Organização Mundial da Saúde (OMS) reconhece, desde 2007, o reiki como auxiliar no tratamento da dor. No Brasil, foi introduzido na Política Nacional de Práticas Integrativas e Complementares (PNPIC) do Ministério da Saúde, passando a ser oferecido como procedimento no Sistema Único de Saúde (SUS). Seu objetivo é complementar os tratamentos médicos, e não substituí-los. Assim como ocorre com outras formas de terapias alternativas, o reiki acelera o processo de limpeza e conhecimento do inconsciente, facilitando, desse modo, o conhecimento interior e a harmonização pessoal.

Lembre-se de que Jesus e outros grandes mestres curavam pela imposição das mãos, utilizando a energia universal. É dessa forma que o reikiano canaliza e transmite a energia para o paciente, auxiliando no equilíbrio de seu chacras. É importante deixar claro que o reikiano é apenas o instrumento dessa cura, quem recebe precisa querer esse auxílio, ter fé, deixar fluir. No final de suas curas, Jesus sempre dizia: "tua fé te curou".

Os cinco princípios do reiki:
- apenas por hoje, não te aborreças;
- apenas por hoje, não te preocupes;
- apenas por hoje, realize seu trabalho honestamente;
- apenas por hoje, agradeça por tudo que recebestes;
- apenas por hoje, seja amável com todos os seres vivos.

Introdução ao reiki celta

Reiki celta, uma variação do reiki Usui, usa vibrações da Terra e de árvores específicas e arbustos com o propósito de criar um ambiente sutil para cura e manifestação. A energia do reiki celta copia a frequência de várias árvores e plantas e assim trabalha com elas. Como trabalha a energia telúrica, é canalizado, principalmente, nos chacras básico e plantares, para obter energia. É similar, de alguma forma, ao cundalini tantra reiki, embora o reiki celta não atue com a cundalini. Em vez disso, ele produz um resultado semelhante ao reiki Usui tradicional, embora haja uma influência considerável das técnicas de manipulação da energia usada pelos celtas.

Até o momento presente, o sistema do reiki celta não é totalmente conhecido. De qualquer forma, usando o que já sabemos, nos envolveremos energeticamente o suficiente para trabalhar com as mais poderosas vibrações. Para o propósito desse aprendizado, a energia será passada em três sintonizações: a primeira iniciação irá introduzir as novas energias e preparar o estudante para as seguintes; a segunda irá trabalhar com as energias de manifestações; e a terceira irá trabalhar com as energias de cura e dos mestres. Com a adição dos símbolos e suas descrições, aos poucos serão incorporados os aspectos do reiki, da sabedoria celta e instruções detalhadas para o uso.

Ressaltamos que, para usar esses recursos, o praticante deve ser iniciado por um mestre em reiki devidamente capacitado e de sua confiança. Deve-se começar pelo nível I, mesmo que você tenha previamente recebido iniciações de outros sistemas. Não há diferença na qualidade das iniciações de terapias presenciais ou a distância.

Cada iniciação leva, aproximadamente, 25 minutos. Deve-se esperar uma semana entre as iniciações para a adaptação do seu corpo e o tempo de integração com as novas energias. Com isso você não precisa se preocupar, pois vai querer ter um longo período para poder explorar profundamente e trabalhar com os vários aspectos das energias em cada nível.

As iniciações podem ser sentidas de várias formas diferentes, mas, na maioria das vezes, são sentidas em sensações sutis de energia. Sensações como calor e pulsão, visualização de cores, percepção de algum chacra, sentir-se imerso em uma paz e relaxamento profundos são percepções possíveis, porém nem todas as pessoas sentem todas elas. As iniciações são diferentes de pessoa para pessoa, mas todas são perfeitas para quem recebe. Lembre-se de que você está seguro e protegido durante todo o processo e que as energias de cura do reiki que você está recebendo são um presente do Divino para a vida toda.

O propósito de uma iniciação é habilitá-lo a manusear uma quantidade maior e mais poderosa de energia vital por meio de sua existência, eliminando assim os bloqueios e resolvendo traumas antigos. Como resultado, em seguida a uma iniciação, você poderá ter um pequeno período de reações de limpeza, o que é comum no caso de se iniciar qualquer método de cura natural. Isso inclui sintomas de gripe, suores, aumento diurético, sonhos muito reais, ou às vezes nenhum sintoma é sentido. É melhor que se beba bastante água durante esse processo, coma mais alimentos orgânicos frescos do que comidas processadas, faça autotratamento diariamente e durma mais tempo do que o normal, com o propósito de auxiliar seus processos de limpeza e desintoxicação.

Ocasionalmente, algumas pessoas se sentem "aéreas" após uma iniciação, ou acham que a energia está muito pesada. Se isso acontecer, você deve colocar suas mãos em seu corpo ou no corpo de alguma outra pessoa, e deixar que a energia flua por intermédio de você e equilibre seu sistema energético.

Caso você esteja interessado em apenas experimentar o reiki celta, sem se tornar um reikiano, é importante procurar um praticante qualificado, que respeite suas limitações e necessidades de saúde.

Reiki celta

O reiki celta é uma forma de tratamento energético que se baseia na crença de que a energia vital, ou *chi*, pode ser canalizada para promover a cura física e emocional. É uma combinação de técnicas de reiki tradicional com elementos da cultura celta, como símbolos e rituais. o Reiki celta pode ser traduzido como energia celta. Por intermédio do reiki celta, podemos nos conectar com as antigas energias e os ensinamentos celtas usados pelos druidas.

O reiki celta é uma ampliação do reiki Usui, utiliza vibrações da Terra (Gaia), das árvores, dos bosques e do mar com o propósito de propiciar ao praticante energia e condições para sua iluminação, cura e manifestação de energias. A energia do reiki celta entra em sintonia com a frequência de várias árvores, e esse trabalho em conjunto promove diversos benefícios para o praticante.

Alguns praticantes também utilizam objetos celtas, como cristais e pedras, para ampliar o efeito da cura. Alguns acreditam que esse reiki é especialmente eficaz para tratar questões emocionais e espirituais, bem como para ajudar as pessoas a se conectarem com a natureza e seus ancestrais celtas. É um processo muito intuitivo. Quanto mais o reikiano se conectar com a energia e com o conhecimento celta, mais *insights* receberá o cliente, manifestando-se em sintonia com diversas árvores sagradas da mitologia celta.

Permita-se, portanto, comungar com essa energia e acesse um vasto oceano de energias para compartilhar com os demais seres. Procure também estar em sintonia com os símbolos fornecidos e com as imagens das árvores, pois isso facilitará o fluxo de energias, e as intuições fluirão com mais facilidade. A filosofia desse reiki reconhece que, ao nos reconectarmos com a Terra, podemos melhorar nossa saúde e nossa sensação de bem-estar. A presença de divindades do panteão celta (do local místico onde se encontram essas divindades) é frequente nas aplicações.

História do reiki celta

O reiki celta foi criado por Martyn Pentecost, um mestre de reiki de Croydon, no Reino Unido. Martyn, desde então, tem passado por um processo de contínua evolução com a maioria das frequências do reiki celta, processo que começou entre 1998 e 2000. Martyn (*apud* Fontanella, 2011) relata:

> Tendo estudado várias formas de reiki por muitos anos, fui guiado a trabalhar com a natureza. Quando canalizava o reiki para ajudar animais, plantas, árvores, rios, lagos, oceanos e a própria terra, achei que tudo tinha uma vibração distinta – cada variedade de rocha, cada riacho, cada tipo de flor tinha sua própria e única frequência de energia.

Algumas vezes, eu me perdia profundamente nessas vibrações, às vezes tão profundamente que mal podia trabalhar com a energia reiki no autotratamento.

À noite, em um dia de inverno, senti uma vontade súbita de visitar minha casa ancestral de Wales e descobri uma enorme abeto (árvore), que dourada, havia sido partida em duas por um raio que caíra recentemente. Uma metade ainda estava firmemente enraizada e produzindo um fluxo de energia para curar a si mesma. A outra metade estava jogada no chão, morrendo. Conforme ia andando em direção à árvore, sentia de forma intensa o excesso de energia na parte de cima e a urgência de receber energia da parte que estava caída, as quais estavam separadas por um vão.

Comecei a canalizar e enviar reiki para o vão das árvores, mas eu sentia uma resistência, então pedi ajuda aos meus guias. Foi-me dito que eu deveria aplicar reiki na parte caída da árvore, e eu o fiz, eu senti uma transferência de energia.

Conforme o reiki fluía através de minhas mãos, eu sentia uma vibração entrando em meu corpo – era totalmente diferente do que eu havia sentido antes – a essência da árvore – seu conhecimento, sua energia, sua sabedoria e seu amor. Eu fui guiado a enviar esta energia à parte da árvore que estava boa, o que eu também fiz. Foi uma experiência maravilhosa, envolvido pela gratidão e o amor desta parte curativa dessa enorme árvore.

Quando o fluxo da energia cessou, eu estava apto para retornar ao reiki Usui normal e trabalhar na cura dos troncos das árvores quebradas. Meus guias me disseram que as árvores estavam muito gratas por minha assistência e gostariam de permitir-me usar sua vibração para ajudar os outros. Fui instruído que poderia ajudar as pessoas a "verem" com esse tipo particular de vibração de energia.

Quando estava saindo do local, toquei a parte caída da árvore e a senti muito pequena, como se a consciência da árvore houvesse ido embora, deixando somente a madeira.

Com o propósito de lembrar a energia da árvore, eu atribuí um símbolo a ela de forma intuitiva, como é normalmente feito com muitas outras formas de reiki e trabalhos com energia. O símbolo deve ser uma forma de "ligar" esta energia e fluir para os outros e para mim mesmo e ser uma maneira simples de transmitir a energia para os outros. Enquanto decidia qual símbolo usar, eu me voltei para a sabedoria do povo celta, meus ancestrais, e descobri futuramente que os símbolos canalizados eram letras usadas no ogham ancestral para árvores.

Essa árvore (abeto dourada) era o equivalente à letra A no alfabeto moderno. Isso me levou em uma enorme jornada pela descoberta das crenças dos celtas.

O abeto dourada representa a habilidade de se ver por longas distâncias – olhar ao horizonte – para "ver". Eu comecei a entender o significado da árvore em Wales e a sabedoria do povo celta. Eu agora acredito que eles conheciam a essência de cada árvore e planta – de tão completa que era sua relação com a Mãe Terra, eles eram sensitivos às ressonâncias e energias ao seu redor, aproveitando e usando essas energias para ajudá-los em suas vidas.

Eu decidi trabalhar com outras espécies de árvores para ver se havia algo primordial nesta energia. Foi-me dado no início a letra A, então eu decidi trabalhar com a última letra do alfabeto celta – Y, ou a árvore teixo. Eu tive a chance de visitar um cemitério em Gloucestershire, onde 99 Teixs cresciam – muitas delas, possivelmente, eram árvores centenárias, mas as árvores sempre morrem.

Encontrei uma ressonância com um teixo em particular que me permitiu trabalhar com sua energia, informando-me pelos meus guias que ela me guiaria a assuntos passados já finalizados. Eu atribuí um símbolo a esta energia e comecei a trabalhar com a energia achando que me ajudaria a enfrentar qualquer tipo de mudança, ou mais: agilizando o processo de resgate ou guiando-me através de caminhos árduos com facilidade. Desde então tenho trabalhado com muitas árvores e plantas deste modo, guiado pela sabedoria dos celtas para escolher os locais e tipos de energias.

Eu fui finalmente guiado a trabalhar com outra energia celta – o oceano. Esta foi uma experiência inacreditavelmente poderosa e foi-me revelado que o sistema de reiki celta estava pronto para ser passado adiante, pois ainda existem energias tão poderosas que a humanidade não está pronta para conhecer.

Foi-me dito que quando os signos (símbolos) estão completos, o oceano deve permitir que todo o potencial de sua energia seja descoberto. Portanto, o símbolo final neste sistema contém forma altamente diluída desta energia.

O sistema de reiki celta é um nessa evolução, e ao utilizar o sistema, a natureza do trabalho da energia irá nos envolver, e conforme o processo acontecer, mais segredos do reiki celta irão se tornar conhecidos para nós...

A combinação do reiki com a tradição celta resultou no reiki celta, uma abordagem que busca integrar os ensinamentos do reiki com os princípios e símbolos da espiritualidade celta. O reiki celta enfatiza a conexão

com a natureza, a importância dos ciclos naturais e o respeito pela sabedoria antiga dos povos celtas.

Na prática do reiki celta, os praticantes incorporam símbolos celtas em suas sessões de cura, além dos símbolos tradicionais do reiki. Esses símbolos celtas podem incluir espirais, nós celtas e outros padrões que têm significados específicos dentro da tradição celta. O objetivo é combinar a energia curativa do reiki com a energia espiritual da tradição celta, proporcionando uma experiência holística e integrada de cura.

É importante observar que o reiki celta não faz parte do sistema de reiki originalmente desenvolvido por Mikao Usui, e sua história é mais recente. A fusão do reiki com a tradição celta é uma evolução moderna da prática do reiki, resultante da criatividade e do desejo de integrar diferentes tradições espirituais. Como em qualquer forma de reiki, a prática do reiki celta pode variar dependendo do indivíduo e do mestre que o ensina. Além disso, é importante lembrar que o reiki, incluindo o reiki celta, pode ser usado como um complemento aos tratamentos médicos convencionais para promover o bem-estar geral.

No desenvolvimento do reiki celta, os praticantes incorporam muitos dos princípios e valores da tradição celta em sua abordagem terapêutica. Isso inclui a reverência pela natureza, o respeito pelos ciclos da vida e a conexão com o mundo espiritual. Os praticantes de reiki celta, geralmente, realizam rituais e cerimônias em locais naturais, como florestas, montanhas ou rios, para estabelecer uma ligação mais profunda com as energias da natureza. Eles podem trabalhar com os ciclos sazonais, honrando os solstícios e equinócios e realizando práticas específicas em cada período.

Além disso, o reiki celta envolve o uso de símbolos celtas durante as sessões de cura. Esses símbolos são considerados canais de energia que auxiliam na canalização da energia universal do reiki. Alguns exemplos de símbolos celtas comumente utilizados são o triskle, o nó celta e a espiral, cada um com seu próprio significado simbólico e espiritual.

No reiki celta, a natureza é vista como uma fonte de sabedoria e cura. Os praticantes buscam se reconectar com a energia vital da terra, do ar, da água e do fogo e canalizar essas energias em suas práticas de cura. Acredita-se que a conexão com a natureza fortalece a capacidade de o praticante canalizar energia curativa e promove uma maior harmonia e equilíbrio.

Embora a história do reiki celta seja relativamente recente, muitas pessoas encontram benefícios significativos ao combinar os princípios do reiki com a espiritualidade celta. Essa fusão de tradições permite uma abordagem mais abrangente e holística para a cura, incorporando aspectos físicos, emocionais e espirituais.

Características do reiki celta

O reiki celta é uma forma de terapia energética baseada nos princípios e símbolos do druidismo e da espiritualidade celta. Essa prática não se limita apenas à cura física, mas também busca a expansão da consciência e o crescimento espiritual. Os praticantes são incentivados a explorar sua jornada interior e a trabalhar em sua própria cura e transformação. Enfatiza a conexão profunda com a natureza e tem a compreensão de que tudo está interligado. Os praticantes de reiki celta buscam estabelecer uma relação harmoniosa com os elementos naturais, como árvores, plantas, animais, água, ar, fogo e terra. São utilizados símbolos celtas em suas práticas de cura. Esses símbolos são considerados canais de energia que podem ser ativados durante as sessões de reiki para facilitar a cura e promover o equilíbrio energético.

Existem rituais e cerimônias inspirados nas tradições celtas para honrar os ciclos naturais, os ancestrais e os espíritos da natureza. Essas práticas adicionam uma dimensão espiritual ao trabalho de cura e ajudam os praticantes a se conectarem com as forças cósmicas e elementais. Podem ser incorporados elementos da medicina tradicional celta, como o uso de ervas medicinais, poções e preparações naturais. Esses remédios são considerados complementares à terapia energética do reiki.

Assim como no reiki tradicional, o reiki celta também envolve a prática de autotratamento e cura a distância. Os praticantes aprendem a canalizar a energia vital universal para si mesmos ou para outras pessoas, independentemente da distância física. Enfatiza-se o desenvolvimento da intuição e da sensibilidade energética. Os praticantes são encorajados a confiar em sua intuição e a perceber as sutilezas do campo energético para uma prática mais eficaz.

Os benefícios relatados incluem redução do estresse, aumento do relaxamento, alívio de dores físicas e emocionais, equilíbrio energético, fortalecimento do sistema imunológico e aumento da vitalidade. Além disso, muitas pessoas relatam uma sensação de conexão profunda com a natureza, uma maior clareza mental e uma sensação de propósito e harmonia em suas vidas. Essas técnicas podem ser usadas como um complemento a outras terapias e tratamentos médicos. O reiki celta não substitui a medicina convencional, mas pode ser uma ferramenta adicional para promover o bem-estar físico, emocional e espiritual.

Para se tornar um praticante de reiki celta, é necessário receber treinamento e iniciação de um mestre qualificado. Durante o treinamento, os alunos aprendem os símbolos, as técnicas de canalização de energia e as práticas rituais associadas, especificamente, para esse tipo de aplicação de reiki. Assim como em qualquer forma de terapia energética, os praticantes são incentivados a agir com ética e responsabilidade. Eles devem respeitar o livre-arbítrio e o consentimento dos indivíduos que recebem tratamento, mantendo a confidencialidade e o respeito pelos limites pessoais.

O reiki celta valoriza a criação de comunidades de praticantes, em que são incentivados o compartilhamento de conhecimento e experiências e o apoio mútuo. Workshops, encontros e eventos são organizados para reunir os praticantes e promover a troca de ideias e aprofundamento na prática. É importante lembrar que o reiki celta é uma abordagem espiritual e terapêutica que pode variar de acordo com as interpretações e práticas individuais. Cada praticante pode desenvolver sua própria abordagem, respeitando sempre os princípios e fundamentos do reiki celta.

Ogam e o sistema antigo de escrita celta

Martyn Pentcost utilizou o sistema ogam (ou ogham) para representar os símbolos referentes às energias transmitidas por cada árvore sagrada. O ogam é um sistema de escrita antigo usado pelos celtas para representar sua língua, que consiste em um conjunto de traços ou ranhuras feitos em pedras, madeiras ou outros materiais. Cada traço ou ranhura corresponde a uma letra do alfabeto ogâmico, que, por sua vez, está associado a uma árvore sagrada. Ogam também é conhecido como alfabeto das árvores.

Os celtas acreditavam que as árvores tinham poderes mágicos e simbólicos, por isso as usavam como referência para sua escrita. As árvores do ogam são divididas em quatro grupos principais, chamados de aicme (famílias). Cada aicme tem cinco árvores, totalizando vinte árvores no ogam.

Os quatro grupos são:
• **Aicme Beithe** – formado pelas árvores bétula, amieiro, salgueiro, freixo e espinheiro-alvar;

- **Aicme Húatha** – formado pelas árvores teixo, aveleira, bétula-branca, carvalho e espinheiro-bravo;
- **Aicme Muine** – formado pelas árvores vinha, hera, cana, sabugueiro e pinheiro;
- **Aicme Ailme** – formado pelas árvores abeto, salgueiro-branco, amieiro-negro, olmo e macieira.

Cada grupo de árvores tem um significado específico no ogam e está relacionado com as características das plantas e seus usos pelos celtas. Por exemplo, o grupo Aicme Beithe representa o início, a renovação e a proteção; o grupo Aicme Húatha representa a sabedoria, a inspiração e a força; o grupo Aicme Muine representa a transformação, a fertilidade e a cura; e o grupo Aicme Ailme representa a harmonia, a beleza e a abundância.

O sistema humano de energia

Tudo o que está a nossa volta é composto de energia. A física quântica tem mostrado que, em nível atômico, tudo o que existe no Universo é energia que vibra e oscila em diferentes frequências. A matéria física e a energia são basicamente duas formas de uma mesma coisa. Embora cada forma de energia possa ser considerada individualmente, todas as energias são interconectadas. Consequentemente, um tipo de energia pode afetar todas as outras energias: em outras palavras, uma mudança de tipo de energia pode criar uma mudança em outra, até mesmo se é uma energia em sua forma física.

A energia que nos concentraremos neste livro é conhecida como energia sutil, a qual existe em muitas formas. O reiki e outras energias vitais são exemplos de energias sutis, com seus significados e propósitos. Sobre os corpos sutis, iremos nos focalizar nos meridianos, chacras e campo áurico.

Meridianos

Os meridianos podem ser descritos como equivalentes às nossas artérias e veias. Na Medicina Oriental, os meridianos compõem um conjunto de 12 pares de canais de energia, os quais transportam nossa força vital (*ki*) pelo corpo. Em adição, existem dois meridianos principais que canalizam a energia na frente e atrás do nosso corpo, na linha central: os pontos *funcional* e *governador*. Existem vários pontos nos meridianos que são empregados em terapias complementares, como, por exemplo, na acupuntura.

Pela conexão desses meridianos, quando se aplica o reiki, pode-se aumentar qualquer energia reiki que entra em você, podendo ser canalizada para fora do seu corpo pelas suas mãos, não sendo desperdiçada por outras partes do corpo. Como efeito, você poderá maximizar os benefícios da energia que entra em seu corpo.

Com o propósito de conectar esse circuito de energia, você precisa contrair o ponto *Hui Yin* (ou períneo, como também é conhecido) e pressionar sua língua no céu de sua boca, atrás dos dentes da frente. Isso cria um circuito de energia que previne que o reiki se dissipe. Se você está tratando alguém quando esse circuito é feito, você está canalizando a maior quantidade possível de energia reiki pelas suas mãos. Com prática (em alguns casos imediatamente), você estará apto para sentir o aumento do formigamento em suas mãos, o que corresponde à efetividade do seu circuito. Muitas pessoas têm também sentido outras sensações pelo corpo.

O ponto *Hui Yin* é localizado no ponto de pressão que é sentido em um pequeno espaço entre o ânus e os genitais. Deve ser contraído como se estivesse tentando levantá-lo e guardá-lo dentro do corpo, ou simplesmente como um praticante de ballet, jogando a cintura para a frente. Essa prática possibilita contrair o *Hui Yin* por longos períodos.

Nas primeiras vezes que se pratica essa técnica, é normal fazer mais força do que é necessário, sentir todos os músculos contraídos e parar a respiração. Mantenha em sua mente que é preciso apenas que haja uma gentil, mas definida, contração em uma minúscula parte de sua anatomia. Alguns praticantes recomendam que o circuito seja feito enquanto se visualiza os símbolos reiki (principalmente sobre o corpo da pessoa, sobre as paredes da sala de tratamento, ou em sua imaginação). É certamente possível fazer o circuito onde quer que você esteja fazendo um tratamento, ou mantê-lo durante um tratamento inteiro, mas a técnica é mais apropriada para pontos específicos.

A contração consistente de seu *Hui Yin* requer muita prática, mas se torna fácil com a repetição. É uma boa ideia começar fazendo as contrações doze vezes, e então manter a contração por quanto tempo conseguir. Isso se tornará muito fácil com a prática regular. Você pode até mesmo tentar manter o *Hui Yin* contraído enquanto está fazendo suas atividades diárias, como tomar banho, lavar louça etc.

O ponto *Hui Yin* é empregado em outras técnicas de energia, como, por exemplo, pode ser achado na prática do cundalini Tantra Yoga e tem um papel importante nos exercícios de QiGong. É interessante que duas culturas diferentes chegaram a essa conclusão quanto à anatomia energética dos seres humanos.

Chacras

O conceito de chacras surgiu na Índia. Embora Mikao Usui não tenha posto isso como base em sua prática de reiki, eles trabalham extremamente bem juntos. Chacra em sânscrito significa "roda", que é um nome apropriado para esses vórtices giratórios de energia. Eles estão localizados dentro dos nossos corpos etéricos e são centros de força por meio dos quais recebemos, transmitimos e processamos as energias vitais. A forma de manipulação da energia de um único chacra depende de um chacra em questão: existem literalmente centenas de chacras, a maioria deles referidos como chacras menores. De qualquer forma, no reiki, são trabalhados sete chacras principais e dois pares de chacras menores: coroa, terceiro olho, garganta, coração, plexo solar, umbilical e base, e os chacras das palmas das mãos e os pés.

Os chacras formam uma rede na qual corpo, mente e espírito interagem como um sistema holístico completo. O chacra principal corresponde a aspectos específicos de nossa consciência e tem suas próprias funções e características individuais. Cada chacra tem uma relação de correspondência com uma das glândulas que compõem o sistema endócrino do corpo. Ademais, é associado a uma cor específica.

A seguir, apresentamos as principais características que podem ser visualizadas em uma pessoa quando cada chacra está "aberto" ou girando de uma maneira balanceada, ou "fechado", girando inconstantemente, muito rápido, girando para o lado contrário etc. Os chacras estão fechados quando:

- **chacra da raiz** – necessidade emocional, baixa autoestima, comportamento autodestrutivo, medo;
- **chacra do sacro** – insensibilidade, rigidez consigo, sente culpa sem razão, frigidez ou impotência;
- **chacra do plexo solar** – preocupação centrada no que os outros irão pensar, medo de se sentir sozinho, insegurança, necessita de constantes reafirmações;
- **chacra do coração** – medo de rejeição, ama demais, sente-se incapaz de sentir amor, autopiedade;
- **chacra da garganta** – bloqueio da autoexpressão, inconstante, tem visões inconsistentes;
- **chacra do terceiro olho** – indisciplina, medo de não obter sucesso, tendência à esquizofrenia, está com os sentidos fracos;
- **chacra da coroa** – constante exaustão, impossibilidade de tomar decisões, sem senso de "parentesco".

Quando os chacras estão abertos e balanceados:
- **chacra da raiz** – demonstra liderança de si mesmo, alta energia física, aterrado, saudável;
- **chacra do sacro** – fé, expressivo, sintonizado com seus próprios sentimentos, criativo;
- **chacra plexo solar** – respeito a si e aos outros, tem poder pessoal, espontaneidade, desinibido;
- **chacra do coração** – compassivo, amor incondicional, educação, experiências espirituais enquanto faz amor;
- **chacra da garganta** – bom comunicador, contente, acha fácil meditar, inspirado artisticamente;
- **chacra do terceiro olho** – carismático, altamente intuitivo, não ligado a coisas materiais, pode experenciar fenômenos incomuns;
- **chacra da coroa** – personalidade magnética, atinge "milagres" na vida, transcendente, em paz consigo.

Quando os chacras estão girando muito rapidamente:
- **chacra da raiz** – vandalismo, preocupação material, egocentrismo, engajamento físicos inúteis;
- **chacra do sacro** – desequilíbrio emocional, fantasioso, manipulador, ninfomania;
- **chacra plexo solar** – raiva, controle, julgador e superior;
- **chacra do coração** – possessivo, amor condicional, autopunição emocional, atitude dramática;

- **chacra da garganta** – falante, dogmático, controlador, arrogante;
- **chacra do terceiro olho** – altamente lógico, dogmático, autoritário, arrogante;
- **chacra da coroa** – psicótico ou maníaco-depressivo, expressar confusão sexual, frustração, sente-se sem poder para realizar as coisas.

Abrindo os chacras dos pés

Para abrir o chacra dos pés, imagine que esse chacra se parece com uma flor, com quatro ou oito grandes pétalas que podem liberar pelos quatro/oito lados do centro de energia dentro da sola do seu pé. Contraia o *Hui Yin* e use os dedos para abrir cada pétala, muitas vezes como se estivesse retirando gentilmente um inseto da face de alguém. Desde que você tenha uma intenção definida aqui, os movimentos exatos das mãos não são vitalmente importantes.

Uma vez que o chacra tenha sido aberto em um pé, envolva seu pé com suas mãos sobre a sola dele e canalize energia nele por 10 minutos, visualizando a energia viajando pela perna da pessoa, cada vez mais para cima. Então abra o chacra no outro pé e canalize energia nele por mais 10 minutos, visualizando a energia viajando pela perna da pessoa, cada vez mais para cima, exatamente como antes.

O campo áurico

As vibrações energéticas de todas as funções físicas, emocionais, mentais e espirituais ressonam dentro e ao redor do corpo físico, formando camadas como uma pele energética. São duas camadas de diferentes densidades de energia e podem ser comparadas ao efeito resultante de uma mistura de óleo e água. A energia é mais densa conforme mais perto do corpo físico, assim, quanto mais se afasta dele, mais sutil ela se torna. Embora falemos de camadas no campo áurico, cada parte não termina onde exatamente a outra começa – na realidade existe uma interseção em que as energias de diferentes densidades interagem. O campo áurico humano possui quatro camadas principais, ou corpos: etérico, emocional, mental e espiritual.

O corpo etérico leva a *blueprint*/matriz para o corpo físico, dizendo quão saudável é a pessoa no nível físico. O corpo etérico é um sistema de canais de energia conhecidos na Índia como "nadis", sendo que é o fluxo da energia por meio desses meridianos que dita a saúde de nosso corpo físico. Certos tipos de energias filtradas por outros níveis de nossa aura podem bloquear ou diminuir o fluxo, ocasionando o que chamamos de doença.

O corpo emocional é refletido em nossos desejos e emoções, e o corpo mental é onde nossos pensamentos residem. Esse conceito não deve ser confundido com "onde nós pensamos" (em outras palavras, nosso cérebro). De qualquer forma, as formas-pensamento criadas em nosso cérebro são influenciadas pela energia de nosso corpo mental, desde uma energia curativa até os mais positivos pensamentos que temos.

Finalmente, há o corpo espiritual, onde nossa sabedoria profunda (ou Eu Superior) reside. Esse nível é relacionado ao plano espiritual e à forma como progredimos em nosso caminho na vida. O nosso corpo espiritual é dividido em várias seções. No reiki celta, trabalhamos com o nível que vem após o corpo mental, ou seja, o corpo causal, onde nossas ações e natureza próprias estão registradas: todas as impressões que temos do mundo; nossa verdadeira "alma" está nesse nível.

Reiki celta nível I

Símbolos

Os seis primeiros símbolos estão ilustrados abaixo, juntamente com seus significados.

1º símbolo: Ailim - Clareza e energia

Ailim (pronuncia-se [arl-m]) é da letra do abeto. Ajuda a clarear a visão e a ver o caminho a ser seguido (o horizonte). Ailim quebra as barreiras das lições aprendidas nesta ou em outras vidas, adquirindo sabedoria do passado, aumentando a conexão com a sabedoria celta, suprindo e resolvendo todos os desejos e anseios da vida de uma pessoa. Essa energia é particularmente eficiente quando se trabalha com um futuro muito distante, em áreas como o caminho de sua vida ou sua vida profissional, e ajuda a integrar a pessoa com seu propósito. Também ajuda a conectar o usuário à sua ancestralidade celta, se necessário.

Para melhores resultados, use sobre os chacras frontal e sacro, para trazer o passado à consciência.

2º símbolo: Beith - Começo e renovação

Beith (pronuncia-se [beh]) é a letra da árvore bétula. Auxilia na dissolução de velhos padrões, formas-pensamento, crenças e energias negativas. Limpa o passado para dar um rumo ao presente e ao futuro, ajudando o praticante a trabalhar com os desejos que o estão segurando no passado, limpando-os e libertando-os. É também maravilhoso para iniciar um novo processo, pois traz motivação. Normalmente, iniciar alguma coisa é uma tarefa árdua de se fazer, e essa energia ajuda a acabar com a inércia inicial que existe quando se começa um novo projeto ou caminho. Beith limpa o caminho e protege, proporcionando uma jornada segura e clara.

Pode ser usado nos chacras base e plexo solar.

3º símbolo: Huathe - Equilíbrio e purificação

Huathe (pronuncia-se [hoo-ah]) é a letra do espinheiro branco. Sua essência representa a energia da limpeza e preparação: a limpeza dos pensamentos, conforme elas se opõem às ações físicas. É um excelente precursor da energia de Beith. Ele limpa a mente de pensamentos negativos e confusões mentais, propiciando a claridade. Acalma e oferece quietude e a habilidade de esperar a hora certa para as coisas.

Pode ser usado em conjunto com Ailim para acalmar e criar uma imagem clara do caminho a seguir. Às vezes, o caminho a se seguir pode ser obscurecido por muitos pensamentos, e isso irá tirar esses pensamentos, permitindo que Ailim mostre o horizonte. Pode ser utilizado nos chacras da garganta e frontal.

4º símbolo: *Phagos* - *Conhecimento e compreensão*

Phagos (pronuncia-se [fah-gors]) é a letra da faia. Proporciona entendimento de sabedorias antigas, oferecendo habilidade para manipular conhecimentos ancestrais e adaptá-los à vida moderna, atualizando o antigo e incorporando-o ao novo. Ele conecta à imersão no conhecimento e transforma-o em algo útil para se usar nas situações diárias. Também ajuda a trazer memórias do passado desta vida ou memórias cármicas, para poderem ser trabalhadas e solucionadas.

Trabalha bem com os chacras sacro, base e frontal.

5º símbolo: *Eadha* - *Transformação e visão*

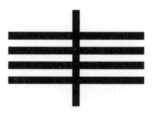

Eadha (pronuncia-se [ee-yur]) é a letra do álamo branco. Auxilia a superar medos: medo do futuro, de responsabilidades que parecem estar além de sua capacidade, do caminho a se seguir e dos nossos resultados no mundo. Protege do fardo do caminho a seguir, ajudando-nos a trabalhar com nossos desejos que, de alguma maneira, nos prejudicam. Aumenta nossa habilidade espiritual e nos dá a habilidade de acabar com o terror que temos com um único sussurro. A energia é excelente quando as pressões da vida se tornam muito grandes e a pessoa sente medo de que não é competente perante o mundo.

Eadha trabalha bem sobre os chacras do coração e da garganta.

6º símbolo: Ur - Pureza e limpeza

Ur (pronuncia-se [ooor]) é a letra da urze. Ajuda-nos a fazer uma conexão mais forte com a Terra, com Gaia, com o espírito, com as comunidades sobrenaturais. Produz um conhecimento natural e inerente sobre as realidades invisíveis e acaba mais facilmente com as barreiras e os poderes que nos atrapalham. Dá-nos a habilidade de trabalhar mais intimamente com as energias sutis, ambas para a manifestação e a cura. Também nos conecta mais fortemente com os guias e espíritos da natureza, para que possamos trabalhar para a luz e o amor de todos os seres viventes da Terra.

Pode ser usado em todos os chacras.

Usando os símbolos do primeiro nível

Com o propósito de usar os símbolos como parte de um tratamento, desenhe o símbolo em cada palma, visualize-o em seu chacra do terceiro olho na cor dourada e entoe ou diga seu nome, em voz alta ou em sua mente. O que é importante lembrar sobre o ato de "mantrar" é que você não irá simplesmente repetir por várias vezes em seu pensamento, você irá ligar-se a ele, criando uma profunda ressonância, como se você estivesse falando em voz alta. Cada vez que você mentaliza o nome do símbolo, deve sentir uma profunda vibração fluindo para fora de seu corpo e indo para o Universo, conectando e alinhando todas as coisas com você nesse momento.

Para empregar as técnicas de escaneamento abaixo, você pode descobrir a área que está precisando de tratamento e então usar e entoar os símbolos necessários, canalizando cada frequência por cerca de 10 minutos, até que você se sinta guiado a usar o próximo.

Técnicas para o nível I

Existem algumas técnicas que são recomendadas para o praticante no nível I: autoaplicação, meditação e desenho com os símbolos. Cada uma delas oferece uma possibilidade de conexão com a vibração do sistema. Procure, portanto, reservar um tempo após a iniciação e coloque-as em prática. Retorne a essas técnicas de tempos em tempos para reforçar a conexão com a energia celta.

Autoaplicação de reiki celta

Basicamente, usamos as mesmas posições de aplicação do reiki Usui, ou então uma aplicação baseada nos símbolos e chacras. A sugestão de pontos para uso e colocação dos símbolos não é rígida, então permita que sua intuição flua. A aplicação pode ser feita com os símbolos ou sem eles, ou seja, não há uma obrigatoriedade do uso dos símbolos.

O nível I é indicado para autoaplicação porque estamos começando a nossa jornada no sistema celta e precisamos de um tempo para nos adaptarmos à energia. Isso não impede que ocasionalmente façamos aplicações presenciais nesse nível. Entretanto, comece lentamente com amigos e familiares e em situações sem muita cobrança ou exigências. Permita-se desenvolver de forma serena.

Autoaplicação baseada no reiki Usui

A aplicação do reiki celta baseada nos pontos de aplicação do reiki Usui é bem direta, e o praticante aproveita os conhecimentos que porventura tenha desse sistema. Nessa opção, você pode traçar os símbolos no ar antes de começar a aplicação ou então deixá-los se manifestar de forma intuitiva durante o processo.

Segue uma imagem ilustrativa (frente e costas).

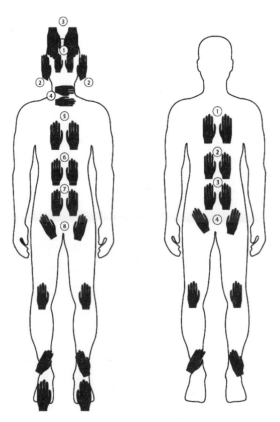

Autoaplicação baseada no sistema de chacras

O reiki celta utiliza-se dos chacras do corpo humano para atuar. Essa atuação consiste na ativação e energização do chacra e liberação de bloqueios e energias estagnadas. O foco principal são os sete grandes chacras: básico, umbilical, plexo solar, cardíaco, laríngeo, frontal e coronário. Dada sua intensa ligação com a Terra, os chacras plantares são muito importantes, e a aplicação nos pés e tornozelos é muito indicada. Essa é uma forma um pouco mais rígida de aplicação, mas é bem eficiente.

Na sequência, temos uma sugestão de pontos e símbolos para serem executados durante a autoaplicação.

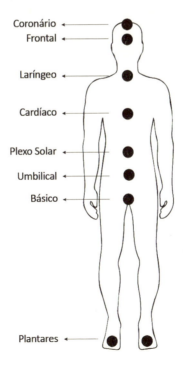

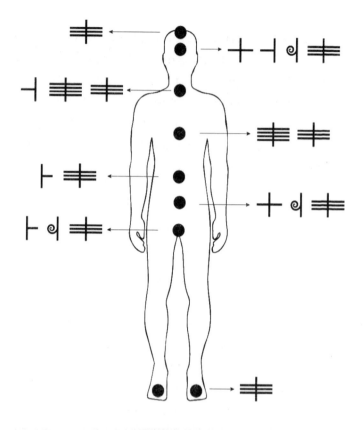

Obs.: note que o Ur pode ser usado em todos os chacras.

Meditação com a energia do reiki celta

Uma boa forma de compreendermos e integrar-mo-nos com a energia do reiki celta consiste na prática da meditação. Existem três formas muito práticas de efetuá-la, experimente-as e veja com qual você tem mais afinidade.

No 1º e 2º estilos, comece com o Ailim e depois passe para o Beithe, Huat, Phagos, Eadha e Ur. Reserve pelo menos uma semana para cada um dos símbolos. O 3º estilo nos conecta diretamente com uma das árvores do sistema, é uma opção poderosa e instigante, principalmente se puder ter acesso a uma das árvores pessoalmente. Vejamos a seguir a descrição dos modelos.

1º estilo:
- respire lenta e profundamente três vezes;
- inspire e mantenha o pulmão cheio por alguns segundos. Expire e mantenha o pulmão vazio alguns segundos;
- trace o símbolo escolhido acima de sua cabeça com a mão em concha. Mantenha a mão energizando o símbolo por alguns instantes;
- ao inspirar, visualize o símbolo escolhido entrando pelo seu chacra coronário, no topo da sua cabeça, impregnando todo seu ser, como se o estivesse vestindo;
- expire lentamente;
- fique aberto e receptivo, apenas observe;
- permaneça de 5 a 15 minutos nesse estado.

2º estilo:
- respire lenta e profundamente três vezes;
- inspire e mantenha o pulmão cheio por alguns segundos. Expire e mantenha o pulmão vazio alguns segundos;

- trace o símbolo escolhido, com a mão em concha, na altura dos seus olhos. Mantenha a mão energizando o símbolo por alguns segundos;
- faça um movimento para pegar o símbolo e coloque-o em seu chacra frontal, entre suas sobrancelhas;
- fique aberto e receptivo, apenas observe;
- permaneça de 5 a 15 minutos nesse estado.

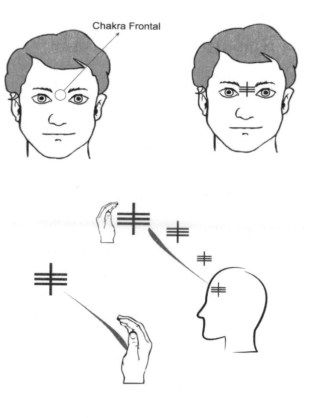

3º estilo:
- respire lenta e profundamente três vezes;
- inspire e mantenha o pulmão cheio por alguns segundos. Expire e mantenha o pulmão vazio por alguns segundos;
- visualize a árvore escolhida na sua frente;
- solicite permissão para efetuar a conexão energética com a árvore escolhida;
- visualize seu corpo de energia abraçando a árvore, ou sentando-se próximo a ela;
- fique aberto e receptivo, apenas observe;
- permaneça de 5 a 15 minutos neste estado.

Obs.: essa prática pode ser efetuada com a árvore real, se você tiver acesso a ela.

Desenhando os símbolos

Existem duas possibilidades de desenhar os símbolos e de integrá-los ao nosso sistema de energia:
- desenhar os símbolos em um bloco ou caderno, ou mesmo no computador com um programa de desenhos; faça vários desenhos de vários tamanhos até se sentir bem à vontade com o símbolo;
- desenhar e colorir. Use lápis de cor, giz de cera, canetinhas coloridas, compre um bloco de folhas A4 ou A3 mais grossas, gramatura 180 g/m^2, e faça diversos experimentos. Desenhe símbolos grandes, médios e pequenos.

Ao final, cole-os nas paredes de sua casa, nas portas do guarda-roupa, atrás de espelhos e quadros, ou em outro local que considerar adequado. Essa prática facilita bastante o aprendizado e nos motiva ainda mais a usar a energia.

Reiki celta nível II

Reiki celta e manifestação

Como vimos no nível I, o reiki celta pode ser usado para curar. No entanto, tem muitos usos adicionais, sendo um dos mais interessantes a manifestação. Os celtas foram muito aclamados por seus poderes energéticos de cura, manifestação e profunda conexão com o ambiente natural. Neste capítulo, portanto, exploraremos os seis símbolos de nível II com os quais você foi sintonizado. Eles podem ser usados tanto por você quanto por seus pacientes, como um meio de trabalhar com metas e desejos em todos os níveis.

O melhor método de se trabalhar com as energias do nível II é iniciar com os dois primeiros símbolos, o Nuin e o Duir, que o conectam com o reiki celta e abrem as portas para as energias maiores de manifestação, realização e proteção. Assim, você pode usar um símbolo ou uma combinação de símbolos, com o propósito de manifestar seus objetivos e desejos.

Outro método é usar os símbolos em meditações com uma ideia focalizada no que você quer ver manifestado (acontecendo) e direcionar as energias para seu objetivo. Os símbolos podem também ser usados em tratamentos, em um "livro de desejos" ou em uma "rede" de cristais. De todo modo, você pode trabalhar criativamente com os símbolos, guiado por sua intuição ou pela sabedoria suprema.

Neste nível, também vamos aprender a enviar reiki celta a distância, por meio de uma técnica simples e eficiente.

Símbolos

O reiki celta utiliza-se de uma série de símbolos para aumentar a eficiência e para servir como sinalizadores da necessidade da pessoa que recebe em determinado ponto de aplicação. No nível II são disponibilizados mais 6 símbolos sagrados. Utilize-os com respeito, cuidado e atenção.

Os símbolos podem ser traçados com as mãos em concha ou com o dedo indicador, com a língua no céu da boca, tanto mentalizados quanto verbalizados. Deixe guiar-se pela sua intuição na utilização dos símbolos durante a aplicação de reiki. Os símbolos do reiki celta se manifestam em conjunto com os símbolos tradicionais do sistema Usui.

7º símbolo – Nuin

Nuin (conexão e integração) é da letra do freixo, árvore da família das oleáceas, a mesma família a que pertence a oliveira. É conhecida também como Yggdrasil, a "árvore do mundo", reverenciada como o caminho de ligação entre o céu e a terra. Fala-nos da integração entre todos os níveis de energia, entre os vários planos da existência. É preciso ter um certo distanciamento para observar as coisas na sua devida perspectiva. O freixo promove uma clareza mental e aumenta a intuição.

Use Nuin no início de qualquer tratamento de manifestação de desejos/metas ou para conectar-se à energia específica do reiki celta. Nuin irá conectá-lo e prepará-lo para o uso do próximo símbolo.

8º símbolo – Duir

Duir é a letra da árvore carvalho (Oak). Relacionada com força e resistência, é o poder necessário para superar qualquer obstáculo. Duir abre portais interdimensionais; permite acesso aos registros akáshicos, por meio da energia que traz e o conhecimento dos mistérios contidos no Universo. Também protege e mantém o praticante e o cliente seguros de qualquer energia negativa durante o tratamento ou prática de reiki celta. Deve ser usado depois de Nuin. Duir abre os chacras um após o outro, começando com o coronário e descendo até o básico, possibilitando, assim, a materialização de pensamentos no mundo físico.

9º símbolo – Oir

Oir (iluminação e manifestação) é a letra da planta spindle (fuso ou evônimo), da doçura e do encantamento. Esse símbolo é usado para manifestar uma situação ideal, sendo mais apropriado para atrair prosperidade, um emprego melhor ou o fortalecimento de um relacionamento. Tendo usado os 2 primeiros símbolos, Oir vai ajudar a criar uma energia forte e ativa para uma manifestação maior no sentido físico. É melhor usado em manifestações materiais, quando se está concentrado em dinheiro, propriedades.

10º símbolo – Coll

Coll (emoção e intuição) é a letra da aveleira (hazel) e se refere ao coração. Coll também pode ser usado para potencializar o poder de Oir, e os dois trabalham muito bem juntos.

11º símbolo – Gort

Gort (jornada interior) é a letra da hera (conhecida como trepadeira) e refere-se à mente. A hera cria um labirinto, uma vastidão de caminhos e jornadas. Gort pode ajudar você a manifestar a clarividência, aumentar a memória e a se conectar com a sabedoria superior.

Pode deixar a mente calma em momentos de ansiedade e permitir tranquilidade durante uma meditação.

12º símbolo – Saille

Saille (manifestações da alma) é a letra do salgueiro e refere-se à Lua, ao ritmo lunar, sendo melhor usado para as manifestações da alma. Saille é a ferramenta de manifestação para trabalhadores da luz que têm viajado em seus caminhos por um tempo e estão prontos para dar o próximo passo, podendo ajudar você a se conectar com energias lemurianas, atlântidas e estelares. Você pode também usar Saille em tratamentos para traumas extremos, em todos os níveis

Técnicas para o nível II

Meditação com os símbolos

Uma boa forma de compreendermos e integrarmo-nos com os símbolos do reiki celta consiste na prática da meditação. Execute-a diariamente. Comece com o Nuin e depois passe para o Duir, Oir, Coll, Gort e

Saille. Reserve pelo menos uma semana para cada um dos símbolos. Você pode realizar a meditação da seguinte forma:

- respire lenta e profundamente, focalizando cada etapa do processo. Você inspira o ar (mantém o pulmão cheio) e exala o ar (mantém o pulmão vazio alguns segundos);
- ao inspirar, mentalize o símbolo (objeto da meditação). Visualize-o entrando pelo seu chacra coronário e impregnando todo seu ser;
- fique aberto e receptivo para cada imagem que surgir, procure não interferir, apenas contemple;
- permaneça de 5 a 10 minutos meditando com o símbolo escolhido.

Desenhando os símbolos

Outra forma de nos integrarmos com os símbolos é por meio do desenho. Você poderá desenhá-los, em vários tamanhos, em um bloco de folhas, caderno, cartolina, pintá-los e afixá-los nas paredes, nas portas do guarda-roupa ou em outro local que considerar adequado. Tal prática facilita o aprendizado e a memorização dos símbolos estudados.

Envio de reiki celta a distância

Você poderá usar a técnica da redução para o envio de reiki celta a distância, técnica ensinada no nível II do reiki Usui. Siga o procedimento a seguir:

- visualize a pessoa entre as suas mãos, preferencialmente localizadas à altura do chacra cardíaco;
- trace os símbolos do reiki celta que você desejar ou intuir no ar, falando 3x seus respectivos nomes (ex.: Ailim, Beith, Coll, Gort);
- afirme 3x: "Estou enviando reiki celta para Fulano de Tal, nascido em xx/xx/xxxx, que se encontra entre as minhas mãos";
- permaneça enviando a energia por 5 a 10 minutos;
- no final, desconecte-se do receptor.

Reiki celta nível III

No nível III, você recebe mais um pacote de energia celta que o prepara para canalizar as energias especiais do sistema completo. Seu sistema energético é modificado para conseguir lidar com essas energias de frequências mais altas. Nos níveis I e II, discutimos como a frequência da energia reiki é "ligada" pelos símbolos celtas e como estes podem ser usados para tratamentos terapêuticos e adicionalmente para auxiliar nos objetivos de manifestação. No nível III, trabalharemos com o propósito de dar mais poder às aplicações e aumentar a energia envolvida com a manifestação.

Tornar-se um praticante em reiki celta nível III é uma posição de considerável responsabilidade, para você mesmo, mas acima de tudo para os guias e espíritos da natureza que nos concederam essas energias benéficas. Você tem que buscar se conectar mais com as árvores, passando um tempo aproveitando suas vibrações e oferecendo a elas reiki celta como retribuição. Não será somente ajudar na cura de árvores ou do planeta, mas você poderá ter também *insights* sobre novas frequências de energia, visto que o reiki celta não é um sistema completo ainda. Peça sempre a presença e o auxílio dos druidas, tanto em seus tratamentos quanto nas sintonizações.

No nível do praticante, discutimos como a frequência da energia reiki desencadeada pelos símbolos celtas pode ser usada para tratamentos terapêuticos e, adicionalmente, para auxiliar na manifestação de objetivos. No nível III, iremos considerar maneiras de aumentar os níveis de energia para proporcionar sessões de cura mais poderosas e aumentar a energia envolvida na manifestação.

Você pode querer se conectar mais com as árvores, gastando tempo desfrutando de suas vibrações e oferecendo-lhes reiki celta em troca. Isso não apenas ajudará na cura das árvores e do planeta, pois você poderá receber *insights* sobre novas frequências de energia, uma vez que o sistema ainda não está completo.

Símbolos

No nível III, são disponibilizados mais 5 símbolos sagrados, utilizados basicamente no momento da iniciação. Entretanto, você poderá ocasionalmente ser intuído a usá-los em seus tratamentos. Utilize-os com respeito, cuidado e atenção. Os símbolos podem ser traçados com as mãos em concha ou com o dedo indicador, com a língua no céu da boca, mentalizados ou verbalizados.

O sistema completo em reiki celta dispõe agora de um conjunto de 17 símbolos, sendo 15 árvores que nos emprestam sua energia e comungam conosco uma série de intuições, um símbolo ligado aos bosques (Grove) e outro ao mar (Mor). Deixe guiar-se pela sua intuição na utilização dos símbolos durante a aplicação. Os símbolos do reiki celta se manifestam em conjunto com os símbolos tradicionais do sistema Usui ou outro sistema de energia.

Seguem os símbolos do nível III.

13º símbolo – Ruis

Ruis (renascimento e energização) é o símbolo da elder tree (sabugueiro, a "árvore anciã"). Esse símbolo ativa a energia da vida e da morte, do início e do fim, permitindo o melhor entendimento sobre o ciclo da vida, incluindo a jornada "após a vida". Em tratamentos, ruis pode ser usado no início de qualquer sessão que envolva o trabalho com os desejos profundos e em momentos que possam causar medo ou uma profunda dor emocional ou física, ajudando a pessoa a lidar com esses sintomas de limpeza. Também promove a energização e abertura dos chacras.

14º símbolo – Ioho

Ioho (símbolo-mestre e de alta vibração) é o símbolo celta da árvore yew (teixo) e da vida eterna. Essa árvore pode viver milhares de anos, continuamente recomeçando um ciclo eterno de vida. Ioho pode ser visto como o símbolo-mestre do reiki celta, visto que é a mais alta vibração de todas as energias. Trabalha com todos os símbolos para aumentar seu poder e fazê-los ativos por muito mais tempo. Um tratamento usando o Ioho, em união com os outros símbolos necessários, irá manter a vibração do símbolo até que o tratamento seja finalizado. É também usado no processo de iniciação para energizar o aluno, preparando-o para as outras frequências.

15º símbolo – Koad

Koad (aterramento e proteção) é a letra do grove (dos bosques e clareiras). É a energia dos santuários sagrados. Proporciona paz e nos permite ser firmes mesmo quando todas as coisas ao nosso redor podem estar desabando. Koad é aterrador, nutre, e é a maior proteção durante uma aplicação.

Koad pode ser usado em tratamentos para energizar e proteger o cliente; sua natureza é dar paz e tranquilidade mental e sorrir diante de uma adversidade. Também pode ser usado quando outras frequências não estão trabalhando como deveriam, por causa das emoções-padrão. É usado nas iniciações para propiciar ao aluno paz e tranquilidade, para que então ele esteja receptivo ao processo. Funciona melhor quando contido em uma respiração violeta.

16º símbolo – *Uilleand*

A sutileza da energia da planta honeysuckle (madressilva) contida em Uilleand nos dá a habilidade de ver a verdade em qualquer situação, trazendo também claridade e mansidão. Esse símbolo nos dá foco para ignorar a distração e traçar nosso caminho decisivamente sem desanimar com os obstáculos em nossa frente. Pode ser usado quando o cliente está letárgico, desmotivado, se sentindo em uma vida de inércia completa.

Uilleand (verdade e foco) pode também ser usado com outros símbolos, quando a pessoa não está aprendendo a partir das lições dadas a ela pelas outras energias. Todas as frequências de energia trazem coisas à tona para a cura; alguns clientes irão aflorar a dor, repressão e não vão querer trabalhar com isso. Eles podem simplesmente não ter aprendido com seus erros do passado e continuar cometendo os mesmos erros, causando mais problemas ainda. Uilleand irá ajudar os outros símbolos na motivação do cliente para aprender e obter resultados. É usado em iniciações para motivar as outras energias ao passo que elas entram no iniciado.

17º símbolo – Mor

O oceano guarda a verdade – as mais profundas obscuridades do conhecimento e da liberdade. Passamos muito de nossas vidas na superfície de um enorme oceano, deixando a vida nos levar em suas ondas, sem dar uma única satisfação do caminho que ela toma. Essa energia nos deixa ser conduzidos, ainda dentro das profundezas do oceano, onde poderemos viajar em nossas vidas calma e facilmente.

Mor (conhecimento e coragem) nos remete ao conhecimento desconhecido e tudo o que uma pessoa pode saber. Permite-nos, com o uso regular, aprender mais espiritual, mental, emocional e fisicamente. Ele nos guia e mostra os lugares sagrados e as paisagens que nem tínhamos conhecimento de sua existência. Mor também nos faz viajar. Podemos ajudar aqueles que têm medo de novas aventuras ou medos de viajar, voar, navegar etc. É usado nos processos de iniciação para guiar os alunos em sua jornada, mostrando os conhecimentos sagrados da energia celta e de sua capacidade.

Técnicas para o nível III

Meditação com os símbolos

Uma boa forma de compreendermos e integrarmo-nos com os símbolos do reiki celta consiste na prática da meditação. Execute-a diariamente. Comece com o Ruis e depois passe para Ioho, Koad, Uilleand e finalize com Mor. Reserve pelo menos uma semana para cada um dos símbolos. Você pode realizar a meditação da seguinte forma:

• respire lenta e profundamente, focalizando cada etapa do processo. Você inspira o ar (mantém o pulmão cheio); exala o ar (mantém o pulmão vazio alguns segundos);

• ao inspirar, mentalize o símbolo (objeto da meditação). Visualize-o entrando pelo seu chacra coronário e impregnando todo seu ser;

• fique aberto e receptivo para cada imagem que surgir, procure não interferir, apenas contemple;

• permaneça de 5 a 10 minutos meditando com o símbolo escolhido.

Desenhando os símbolos

Outra forma de nos integrarmos com os símbolos é por meio do desenho. Você poderá desenhá-los, em vários tamanhos, em um bloco de folhas, caderno, cartolina, pintá-los e afixá-los nas paredes, nas portas do guarda-roupa ou em outro local que considerar adequado. Tal prática facilita o aprendizado e a memorização dos símbolos estudados.

Criando um "livro de cura" com os ogams

Os símbolos celtas podem ser combinados com o intuito de criar energias, sendo que a vibração de cada um pode ser ligada à energia de uma floresta. Cada floresta é claramente única, sendo composta de diferentes combinações de energias. As letras do alfabeto celta são usadas para formar palavras, e assim, você pode escrever um "livro" de cura de tratamentos e seus sintomas. Empregando o reiki celta dessa maneira, ele pode fazer com que a pessoa mude multidimensionalmente, alterando seus caminhos de vida e achando seus lugares dentro do Universo. A trindade do reiki celta é incrivelmente poderosa: "energias, conhecimento e vida", combinados em uma perfeita sintonia.

Ao escrever a sentença de um tratamento celta, uma nova, específica e refinada energia será então criada, a qual é sutil para ser usada em um tratamento completo, ressonando e viajando forte e profundamente. Como exemplo, imagine alguém que tenha perdido seu sentido de vida. Essa pessoa está incapacitada de encontrar uma maneira de agir e olhar para o futuro próximo, tentar achar os benefícios em respostas objetivas, sendo que eventualmente seu pensamento causa uma inabilidade para fazer qualquer coisa que ela venha a planejar.

Uma sentença suave então poderia ser:
- Encontrando um caminho em um labirinto: **Gort**.
- Vendo de uma forma mais completa: **Ailim**.
- Clareando confusões mentais: **Huathe**.
- Encontrando a verdade: **Uilleand**.
- Criando um santuário: **Koad**.
- Propiciando calma: **Mor**.
- Aumentando o poder de um tratamento: **Ioho**.

Comece um tratamento solicitando a presença de seus guias espirituais e druidas. Você poderá então desenhar a sentença nas palmas de suas mãos, sobre o cliente, ou simplesmente visualizar: "GAHUKMI", que é a união das letras iniciais dos ogams utilizados acima. A seguir, aplique reiki, traçando os símbolos no ar se você sentir necessidade.

Quanto mais você praticar os símbolos, as energias por trás deles irão se fixar na memória do seu corpo e no seu conhecimento intuitivo, também habilitando-o a criar sentenças de tratamentos mais elaborados. Inicialmente, um guia ou druida irá ajudá-lo, mas com tempo, a habilidade para usar os símbolos para criar um tratamento mais poderoso se tornará uma habilidade comum para você.

Utilizando os ogams segundo as estações do ano

Essa técnica incorpora o calendário celta, mas não é possível explicá-la completamente, pois é muito individual, depende da astrologia e das estações do ano. Basicamente, as evergreen trees (árvores verdes) são mais potentes em energia no inverno, as deciduous trees (árvores de folha caduca, que perdem suas folhas no outono) no verão, e as outras energias de árvores flutuam ao longo do ano.

Você também notará que, às vezes, certos símbolos são mais fortes em energia mesmo em outras estações do ano. Suas ressonâncias podem ser de fato ambíguas, por isso é uma boa ideia fazer anotações dessas diferenças em um diário até mesmo para você notar que símbolos ressoarão mais fortemente em determinada época do ano. É também interessante notar que as fases da lua são uma parte importante no sistema celta.

Cristais e reiki

Todo cristal possui um único composto químico, o que lhe confere uma estrutura interna geométrica que influencia diretamente sua forma exterior. É composto de átomos que se uniram em padrões regulares de repetição, e são esses padrões que criam a forma sólida de um cristal com faces planas, dispostas em uma geometria precisa conhecida como rede cristalina.

Os cristais se formam ao longo de milhões de anos dentro da crosta terrestre, e fatores como temperatura, pressão, período de resfriamento e outros elementos químicos em contato determinam a estrutura final do cristal. Embora cada cristal tenha aparência única, o ângulo entre as faces planas correspondentes será idêntico em todos os cristais da mesma substância e estrutura. Assim, podemos agrupá-los com base no seu tipo, como, por exemplo, cornalina, malaquita, lápis-lazúli, jaspe, turmalina.

No contexto da cura com cristais, isso significa que a vibração natural dos cristais é bastante uniforme dentro de cada tipo de cristal, mas difere substancialmente entre um tipo e outro. Devido às suas energias vibracionais e à correspondência com o sistema de chacras do corpo, os cristais são usados desde as primeiras civilizações para fins de cura. Os cristais funcionam de várias maneiras quando combinados com o reiki. Eles não apenas ampliam a potência da energia reiki, mas também podem alterar a frequência da energia para corresponder à do cristal, permitindo assim ao praticante atingir áreas e condições específicas.

Como os cristais são capazes de armazenar grandes quantidades de energia reiki, que é liberada gradualmente ao longo do tempo, isso fornece um suprimento constante de reiki para o usuário/portador ou para a área onde o cristal é exibido. Além disso, o reiki pode ser usado para limpar cristais de energias negativas ou estranhas.

A importância do uso de cristais no reiki celta

O uso de cristais no reiki celta pode trazer benefícios significativos, pois combina a poderosa energia dos cristais com as técnicas de cura energética do reiki, bem como com a espiritualidade e conexão com a natureza, características estas do caminho celta.

A conexão com a natureza e espiritualidade significa uma profunda reverência pela natureza. Os celtas acreditavam que os cristais eram presentes da Terra, com propriedades energéticas únicas. Ao utilizar cristais nesse reiki, o praticante pode honrar essa conexão com a natureza e com a espiritualidade celta.

Além disso, diferentes cristais possuem qualidades que podem ajudar a aliviar emoções negativas, reduzir o estresse e promover o equilíbrio emocional. Eles podem ser utilizados para ajudar o receptor a enfrentar desafios emocionais e trazer serenidade, assim como podem auxiliar na meditação, para aprofundar a conexão espiritual e aumentar a consciência, ajudando na visualização e no foco durante a prática meditativa.

Cristais possuem frequências e vibrações únicas, assim como a energia do reiki. Ao combiná-las, o praticante pode criar uma sinergia poderosa e holística, proporcionando uma experiência de cura mais profunda e abrangente. Os cristais têm a capacidade de ampliar e potencializar a energia que flui durante uma sessão de reiki celta. Eles funcionam como condutores de energia, aumentando a eficácia da cura e ajudando a equilibrar o sistema energético do receptor. Muitos deles têm propriedades de limpeza e purificação, ajudando a liberar bloqueios energéticos e a remover energias negativas que possam estar afetando o bem-estar físico, emocional ou espiritual da pessoa.

O uso de cristais permite ao praticante de reiki celta focar sua intenção de cura de maneira mais específica. Cada cristal tem suas próprias propriedades e qualidades únicas, permitindo ao praticante selecionar aqueles que melhor se alinham com a intenção de cura desejada. Desse modo, o terapeuta personaliza ainda mais as sessões de cura de acordo com as necessidades individuais do receptor.

Os cristais podem ser colocados nos chacras para ajudar a equilibrar e alinhar esses centros de energia. Cada chacra tem uma cor e uma vibração associada, e os cristais podem auxiliar na harmonização dessas energias. Ao trabalhar com cristais no reiki celta, tanto o praticante quanto o receptor podem se aprofundar em sua própria jornada espiritual. Os cristais podem agir como guias e facilitadores no processo de autodescoberta, ajudando a revelar padrões, crenças e questões emocionais que precisam ser curados. Esse trabalho pode aprimorar a sensibilidade energética do praticante. Ao aprender a sentir e interagir com as energias sutis dos cristais, o praticante pode desenvolver uma conexão mais profunda com sua própria intuição e percepção energética.

Além de suas propriedades energéticas, os cristais também são apreciados por sua beleza e seu simbolismo. O uso de cristais durante as sessões de reiki celta pode adicionar um elemento estético e espiritualmente significativo ao ambiente de cura. Em essência, o uso de cristais no enriquece e aprofunda a prática, trazendo uma dimensão adicional de conexão com a natureza, a espiritualidade e as energias sutis. Contudo, é importante lembrar que a eficácia da cura com cristais depende da intenção, prática e sensibilidade do terapeuta, bem como da receptividade e abertura do receptor à energia de cura.

Em resumo, o uso de cristais no reiki celta pode agregar camadas adicionais de cura, proteção e conexão espiritual às práticas terapêuticas. É importante lembrar que a utilização dos cristais deve ser feita com intenção e respeito, assim como que os cristais não substituem tratamentos médicos profissionais, mas podem ser usados como um complemento para promover o bem-estar holístico.

Nessa prática, diversos cristais podem ser utilizados para potencializar a energia e auxiliar no processo de cura. Alguns dos principais cristais usados são:

- **ágata** – é um cristal amplamente utilizado devido às suas propriedades de cura e equilíbrio. Pode ajudar a fortalecer a conexão com a natureza, promover a estabilidade emocional e estimular a harmonia interior;
- **água-marinha** – é um cristal associado à energia da água e à calma emocional. Pode ajudar a equilibrar as emoções, promover a clareza mental e estimular a intuição;
- **amazonita** – é um cristal conhecido por suas propriedades calmantes e harmonizadoras. Pode ajudar a aliviar o estresse, promover a harmonia nos relacionamentos e equilibrar as energias do ambiente;
- **âmbar** – é um cristal associado à cura, proteção e força vital. É utilizado para trazer clareza mental, estimular a vitalidade e auxiliar na recuperação de doenças físicas;
- **ametista** – é um cristal conhecido por suas propriedades espirituais e de proteção. Pode ser usado para

promover a espiritualidade, facilitar a meditação e purificar a energia;

• **calcita** – é um cristal que possui uma energia suave e calmante. Pode ser utilizado para promover a cura emocional, aliviar a ansiedade e estimular a clareza mental;

• **cornalina branca** – é uma variedade menos comum da cornalina, mas também pode ser usado no reiki celta. É um cristal associado à energia lunar e à conexão com os reinos espirituais, sendo utilizado para facilitar a comunicação espiritual e a conexão com os guias espirituais;

• **cornalina** – é um cristal associado à energia vital e à criatividade. Busca remover a estabilidade emocional e estimular a harmonia interior. É utilizado para estimular a energia vital, aumentar a motivação e trazer coragem para enfrentar desafios;

• **jaspe** – é um cristal que possui diversas variedades, cada uma com propriedades específicas. O jaspe pode ser utilizado para fortalecer a vitalidade, estimular a coragem e promover a estabilidade física e emocional;

• **labradorita** – é um cristal que possui uma energia mística e protetora. Pode ser usado para promover a conexão com os reinos espirituais, ampliar a consciência e estimular a intuição;

• **lápis-lazúli** – é um cristal de sabedoria e espiritualidade. Pode ser utilizado para estimular a intuição, fortalecer a conexão com o Eu Superior e auxiliar na expansão da consciência espiritual;

- **olho de falcão** – é um cristal que ajuda a trazer clareza mental, aumentar a percepção e estimular a intuição. Pode ser usado para fortalecer a conexão com a sabedoria interior e auxiliar no desenvolvimento espiritual;
- **pedra da lua** – é um cristal místico que está conectado com a energia lunar. É usado para fortalecer a intuição, promover o equilíbrio emocional e despertar a conexão espiritual;
- **pedra do sol** – é um cristal que traz energia solar, alegria e vitalidade. Pode ser usado para estimular a energia vital, aumentar a confiança e promover o equilíbrio entre o corpo, a mente e o espírito;
- **quartzo rosa** – é um cristal de amor e compaixão. É usado para abrir o coração, promover o amor incondicional e auxiliar na cura emocional;
- **quartzo transparente** – é considerado um cristal de cura e amplificação de energia. Poderá ser usado para fortalecer a conexão com a energia universal, canalizar e ampliar a energia de cura durante as sessões;
- **rodonita** – é um cristal associado ao amor incondicional e à cura emocional. Pode ser usado para promover a cura de feridas emocionais, liberar bloqueios energéticos e estimular o perdão e a compaixão;
- **turmalina negra** – é um poderoso cristal de proteção contra energias negativas. Pode ser utilizado para limpar e purificar a energia do ambiente, além de proporcionar um escudo de proteção ao praticante e ao receptor da cura.

Lembrando que esses são apenas alguns exemplos de cristais que podem ser utilizados no reiki celta. Cada praticante pode ter suas preferências e intuições pessoais ao selecionar os cristais para a cura. É sempre importante ouvir sua própria intuição e trabalhar em harmonia com a energia do cristal escolhido.

O cristal-mestre

O "cristal-mestre", como o próprio nome sugere, é de grande importância para o praticante ou mestre de reiki. Ele serve como uma ajuda poderosa de várias maneiras, desde carregar sua grade de cristal (rede), até ajudar na cura a distância ou tratamentos pessoais, direcionar o reiki para objetos, situações, sonhos e desejos pessoais etc. Idealmente, um cristal mestre de reiki deve ter a forma de uma varinha e pode ser de qualquer tipo, embora o quartzo transparente seja uma escolha popular e funcione excepcionalmente bem.

Ao usar cristais, eles devem sempre "parecer" certos. O melhor cristal para suas necessidades escolherá você (e não o contrário) e ressoará com seu ser mais profundo. Há muitas histórias de pessoas que perderam cristais caros ou os encontraram quebrados ao chegar em casa, simplesmente, porque o cristal não era adequado para eles. Talvez você precise ser paciente, mas se um cristal for feito para você, ele sempre chegará às suas mãos.

Depois de adquirir seu cristal-mestre, ele precisa ser limpo e carregado com reiki. Recomenda-se borrar regularmente com um bastão de sálvia, e você não deve permitir que outras pessoas manipulem seu cristal, pois ele absorverá a impressão de energia deles. Se outra pessoa o tocar, o cristal deve sempre ser limpo o mais rápido possível.

Técnicas de uso de reiki e cristais

Carregando um cristal

Depois de selecionar um cristal correspondente aos resultados que deseja alcançar, coloque-o na palma da mão passiva e cubra-o com a mão dominante, ou seja, aquela com a qual você escreve. Concentre-se em enviar reiki para o cristal, e se a energia for necessária para um propósito específico, mantenha essa intenção fortemente em sua mente. Dependendo do tamanho do cristal e da quantidade de reiki necessária, isso deve ser feito entre 5 e 20 minutos.

A carga deve durar uma semana ou mais, mas se você estiver trabalhando intensamente com uma pedra específica (como o cristal-mestre de sua grade de reiki), é aconselhável carregá-la a cada 2-3 dias.

Limpando um cristal

Basicamente, esse processo é idêntico à técnica para carregar um cristal acima. No entanto, ao canalizar reiki para o cristal, sua intenção deve ser de limpeza.

Conclusão

Os antigos druidas celtas possuíam uma profunda reverência pela natureza, percebendo-a como um organismo vivo e interconectado, em que cada elemento desempenhava um papel essencial no equilíbrio do todo. Essa visão ecoa fortemente no conceito celta de Mãe Gaia, a deusa que simboliza a Terra viva e pulsante. Para os druidas, a Terra não era apenas um recurso a ser explorado, mas uma entidade sagrada a ser honrada e protegida. Em tempos modernos, ao refletirmos sobre eventos climáticos extremos, como as devastadoras enchentes ocorridas em maio de 2024 no Rio Grande do Sul e em junho de 2024 no Sul da Alemanha, torna-se evidente a urgência de resgatar essa sabedoria ancestral. As catástrofes naturais que enfrentamos são um claro sinal de que o desequilíbrio ambiental, muitas vezes causado pela intervenção humana irresponsável, está alcançando níveis insustentáveis. Assim, o respeito e a proteção ao organismo vivo da natureza, conforme ensinado pelos druidas, tornam-se mais relevantes do que nunca.

Para mitigar e eventualmente evitar tais desastres, é imperativo que adotemos uma postura de respeito e harmonia com o meio ambiente. Isso começa com pequenas ações individuais, como a redução do consumo de recursos naturais, a reciclagem e o apoio a práticas agrícolas sustentáveis. No entanto, além das ações individuais, é crucial a implementação de políticas públicas que promovam a preservação ambiental, a recuperação de ecossistemas degradados e o combate às mudanças climáticas.

A consciência ecológica deve ser integrada na educação desde cedo, ensinando às novas gerações a importância de viver em equilíbrio com a Terra. Programas comunitários de reflorestamento, conservação de águas e manejo sustentável de resíduos são passos concretos que podem ser tomados para restaurar a saúde do planeta. A utilização de energias renováveis e a diminuição da pegada de carbono são medidas essenciais para conter o avanço do aquecimento global e suas consequências catastróficas.

A reflexão sobre os ensinamentos druidas nos leva a uma compreensão mais profunda de nossa conexão com a natureza. Enxergar a Terra como um ser vivo que nutre e sustenta todas as formas de vida nos impõe a responsabilidade de cuidar dela com o mesmo zelo que os celtas tinham pela Mãe Gaia. A espiritualidade e o respeito pela vida em todas as suas formas são fundamentais para construir um futuro onde desastres naturais não sejam a norma, mas, sim, eventos raros em um planeta saudável e equilibrado.

Em suma, os aprendizados derivados das tragédias recentes devem ser catalisadores para uma mudança significativa em nosso comportamento e políticas ambientais. Resgatar o respeito celta pela natureza e implementar ações concretas de preservação e sustentabilidade são passos essenciais para garantir a sobrevivência e o bem-estar das futuras gerações. A sabedoria dos druidas nos ensina que honrar a Terra é, em última análise, honrar a nós mesmos e garantir um legado de harmonia e prosperidade para todos os seres vivos.

Sugestões de leitura

FONTANELLA, Tamaris. *Celtic Reiki:* o despertar. Curitiba: Espaço Ânima, 2011.

PENTECOST, Martyn. *Celtic reiki:* stories from the sacred grove. London: mPowr, 2020.

_____. *The Little Book of Celtic Reiki Wisdom.* London: mPowr, 2015.

_____. *The mastery of celtic reiki:* a workbook. London: mPowr, 2011.

Agradecimentos

A realização deste livro, Reiki Celta, não seria possível sem o apoio incondicional da minha família. Em especial, agradeço à minha sobrinha Lizandra, cujo apoio financeiro foi essencial para que este projeto se tornasse realidade. Sua generosidade e confiança no meu trabalho me inspiraram profundamente. Também gostaria de expressar minha gratidão à minha mulher Nádia, minha filha Natasha, meu genro Ivan e tantos amigos que não quero ser injusto em citar nomes e faltar algum, cujas palavras de incentivo e apoio constantes foram a força motriz por trás de cada página escrita. Este livro é, em parte, uma manifestação do amor e suporte que sempre recebi de vocês.

Com carinho e gratidão,
Geraldo Voltz Laps